AF222213

Impressum
Verlag: BABADADA GmbH, Nedderfeld 112 , 22529 Hamburg
Geschäftsführer / Verlagsleitung: Harald Hof
Druck: Books on Demand GmbH, In de Tarpen 42, 22848 Norderstedt

Imprint
Publisher: BABADADA GmbH, Nedderfeld 112 , 22529 Hamburg, Germany
Managing Director / Publishing direction: Harald Hof
Print: Books on Demand GmbH, In de Tarpen 42, 22848 Norderstedt, Germany

l'école
die Schule

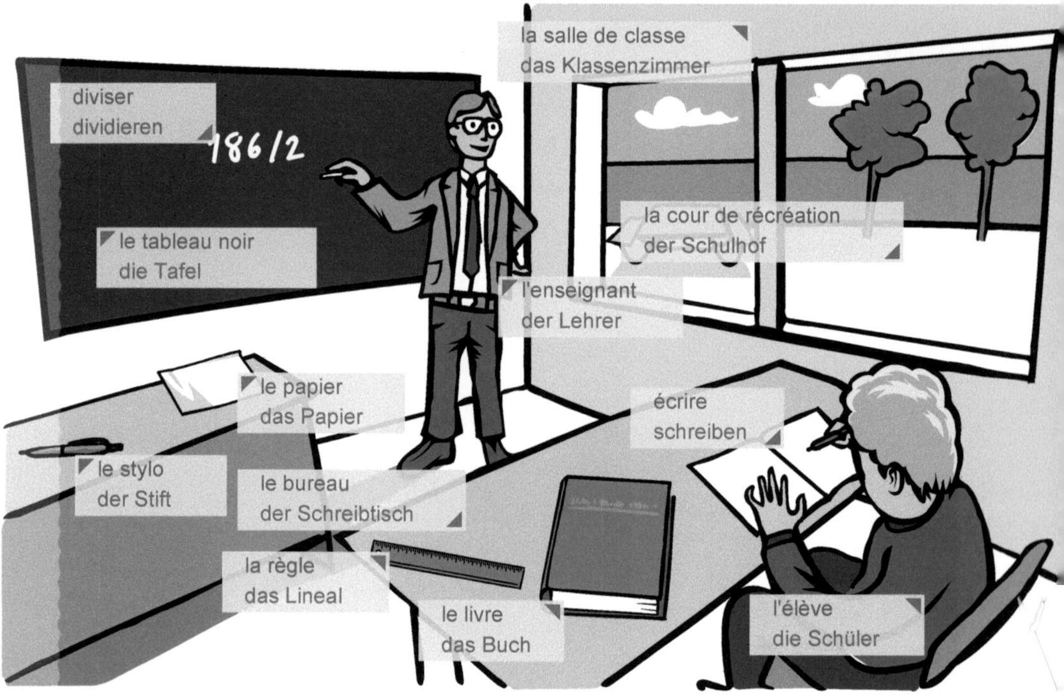

la salle de classe
das Klassenzimmer

diviser
dividieren

186/2

le tableau noir
die Tafel

la cour de récréation
der Schulhof

l'enseignant
der Lehrer

le papier
das Papier

écrire
schreiben

le stylo
der Stift

le bureau
der Schreibtisch

la règle
das Lineal

le livre
das Buch

l'élève
die Schüler

le sac d'école
....
die Schultasche

la trousse
....
die Federmappe

le crayon
....
der Bleistift

le taille-crayon
....
der Bleistiftspitzer

la gomme
....
der Radierer

le carnet à dessin
....
der Zeichenblock

le dessin

die Zeichnung

le pinceau

der Pinsel

la boîte de peinture

der Malkasten

les ciseaux

die Schere

la colle

der Klebstoff

le cahier d'exercices

das Übungsheft

les tâches

die Hausübung

le chiffre

die Zahl

additionner

addieren

soustraire

subtrahieren

multiplier

multiplizieren

calculer

rechnen

la lettre

der Buchstabe

l'alphabet

das Alphabet

le mot

das Wort

le texte

der Text

lire

lesen

la craie

die Kreide

la leçon

die Unterrichtsstunde

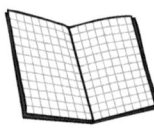

le livre de classe

das Klassenbuch

l'examen

die Prüfung

le certificat

das Zeugnis

l'uniforme scolaire

die Schuluniform

la formation

die Ausbildung

le lexique

das Lexikon

l'université

die Universität

le microscope

das Mikroskop

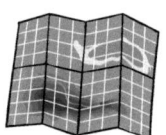

la carte

die Karte

la corbeille à papier

der Papierkorb

l'école - die Schule

le voyage
die Reise

l'hôtel
das Hotel
Grand
l'auberge
die Jugendherberge
le bureau de change
die Wechselstube
CHANGE
la valise
der Koffer
la voiture
das Auto

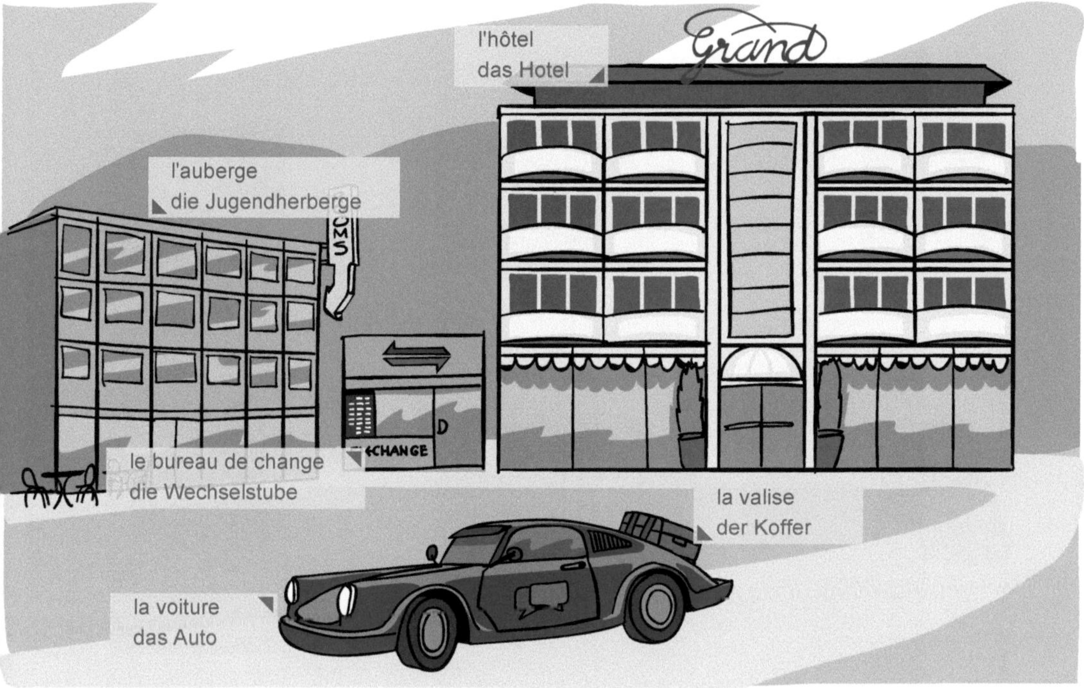

la langue

die Sprache

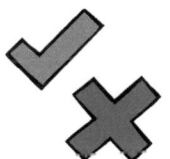

oui / non

ja / nein

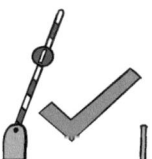

d'accord

Okay

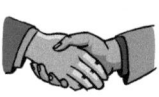

Salut

Hallo

l'interprète

die Dolmetscherin

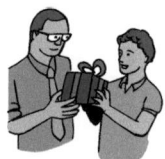

merci

Danke

Combien coûte...?

Wie viel kostet …?

Je ne comprends pas

Ich verstehe nicht.

le problème

das Problem

Bonsoir!

Guten Abend!

Bonjour!

Guten Morgen!

Bonne nuit!

Gute Nacht!

Au revoir

Auf Wiederschaun!

la direction

die Richtung

les bagages

das Gepäck

le sac

die Tasche

le sac-à-dos

der Rucksack

l'hôte

der Gast

la pièce

das Zimmer

le sac de couchage

der Schlafsack

la tente

das Zelt

l'office de tourisme

die Touristeninformation

la plage

der Strand

la carte de crédit

die Kreditkarte

le petit-déjeuner

das Frühstück

le déjeuner

das Mittagessen

le dîner

das Abendessen

le billet

die Fahrkarte

l'ascenseur

der Lift

le timbre

die Briefmarke

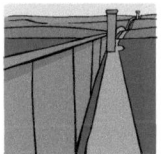

la frontière

die Grenze

la douane

der Zoll

l'ambassade

die Botschaft

le visa

das Visum

le passeport

der Pass

le transport
der Transport

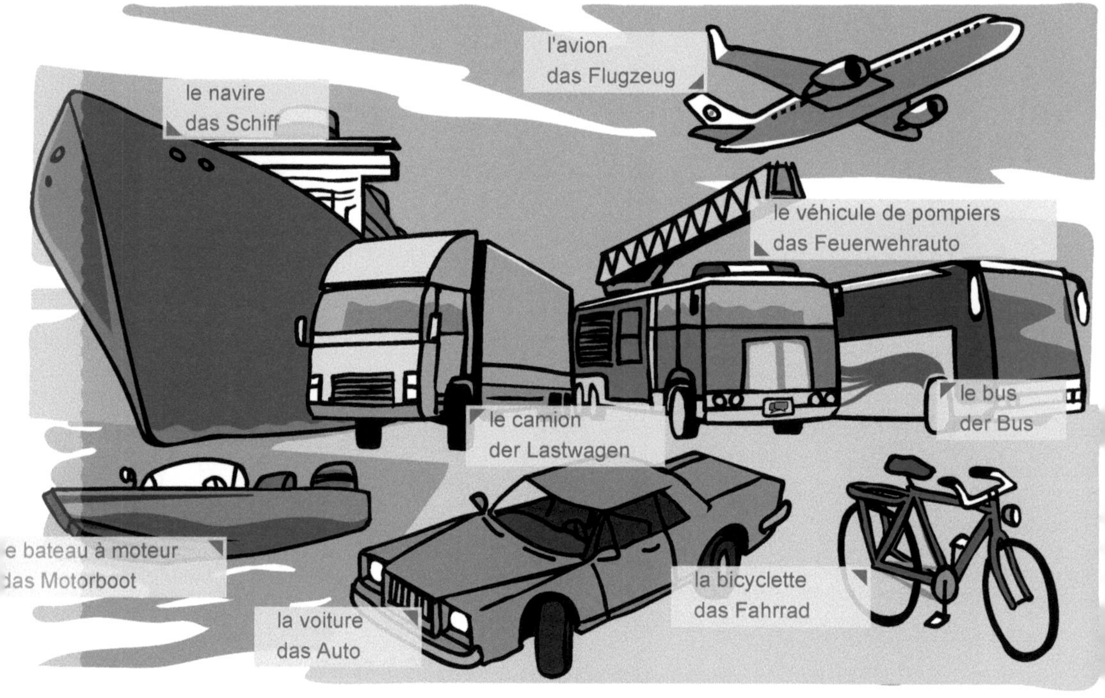

l'avion
das Flugzeug

le navire
das Schiff

le véhicule de pompiers
das Feuerwehrauto

le bus
der Bus

le camion
der Lastwagen

le bateau à moteur
das Motorboot

la bicyclette
das Fahrrad

la voiture
das Auto

le ferry
die Fähre

la barque
das Boot

la moto
das Motorrad

la voiture de police
das Polizeiauto

la voiture de course
das Rennauto

la voiture de location
der Mietwagen

l'autopartage

das Carsharing

la dépanneuse

der Abschleppwagen

la benne à ordures

der Müllwagen

le moteur

der Motor

l'essence

der Kraftstoff

la station d'essence

die Tankstelle

le panneau indicateur

das Verkehrsschild

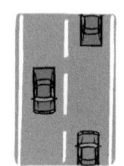

le trafic

der Verkehr

l'embouteillage

der Stau

le parking

der Parkplatz

la gare

der Bahnhof

les rails

die Schienen

le train

der Zug

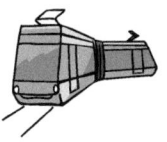

le tram

die Straßenbahn

le wagon

der Wagon

l'hélicoptère

der Hubschrauber

l'aéroport

der Flughafen

la tour

der Tower

le passager

der Passagier

le container

der Container

le carton

der Karton

le chariot

der Rollwagen

la corbeille

der Korb

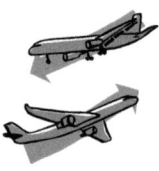

décoller / atterrir

starten / landen

la ville

die Stadt

le village

das Dorf

le centre-ville

das Stadtzentrum

la maison

das Haus

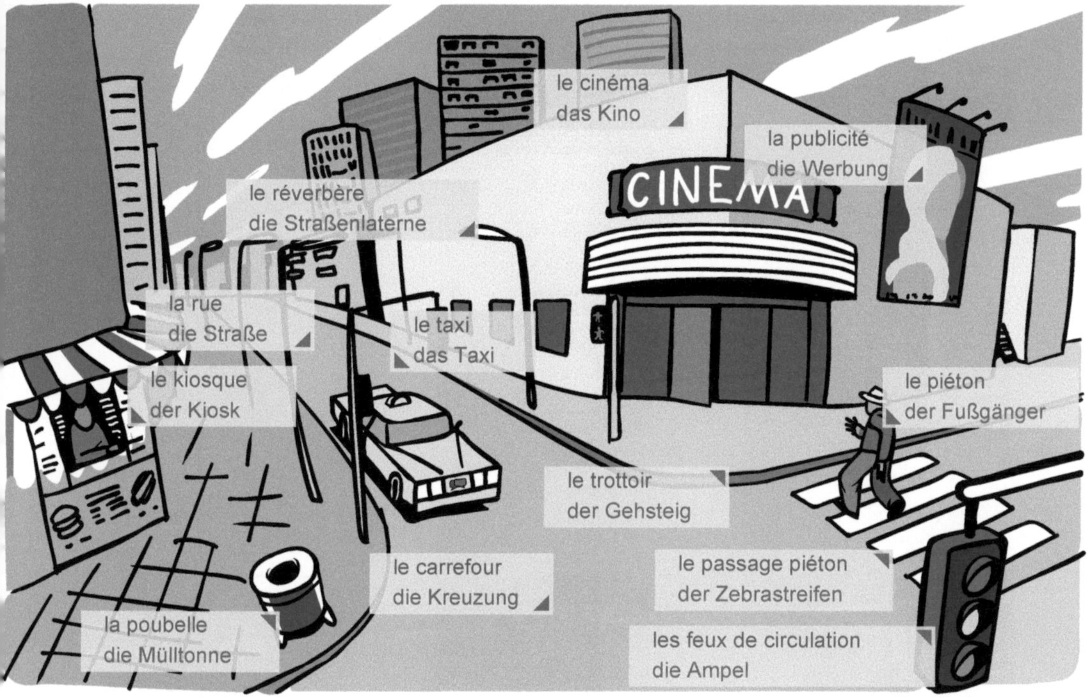
le cinéma
das Kino
CINEMA
la publicité
die Werbung
le réverbère
die Straßenlaterne
la rue
die Straße
le taxi
das Taxi
le kiosque
der Kiosk
le piéton
der Fußgänger
le trottoir
der Gehsteig
le carrefour
die Kreuzung
le passage piéton
der Zebrastreifen
la poubelle
die Mülltonne
les feux de circulation
die Ampel

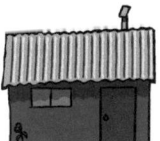

la cabane

die Hütte

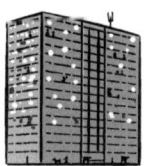

l'appartement

die Wohnung

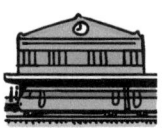

la gare

der Bahnhof

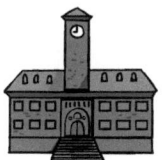

la mairie

das Rathaus

MUSEUM

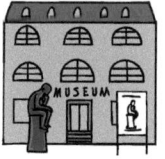

le musée

das Museum

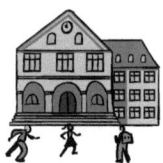

l'école

die Schule

l'université

die Universität

la banque

die Bank

l'hôpital

das Spital

l'hôtel

das Hotel

la pharmacie

die Apotheke

le bureau

das Büro

la librairie

die Buchhandlung

le magasin

das Geschäft

le fleuriste

der Blumenladen

le supermarché

der Supermarkt

le marché

der Markt

le grand magasin

das Kaufhaus

la poissonnerie

der Fischhändler

le centre commercial

das Einkaufszentrum

le port

der Hafen

le parc

der Park

la banque

die Bank

le pont

die Brücke

les escaliers

die Stiege

le métro

die U-Bahn

le tunnel

der Tunnel

l'arrêt de bus

die Bushaltestelle

le bar

die Bar

le restaurant

das Restaurant

la boîte à lettres

der Briefkasten

le panneau indicateur

das Straßenschild

le parcomètre

die Parkuhr

le zoo

der Zoo

le réverbère

die Badeanstalt

la mosquée

die Moschee

la ferme
·················
der Bauernhof

la pollution
·················
die Umweltverschmutzung

le cimetière
·················
der Friedhof

l'église
·················
die Kirche

l'aire de jeux
·················
der Spielplatz

le temple
·················
der Tempel

le paysage
die Landschaft

la feuille
das Blatt

le panneau indicateur
der Wegweiser

le chemin
der Weg

le pré
die Wiese

la pierre
der Stein

le randonneur
der Wanderer

l'arbre
der Baum

la rivière
der Fluss

l'herbe
das Gras

la fleur
die Blume

la vallée
das Tal

la montagne
der Hügel

le lac
der See

la forêt
der Wald

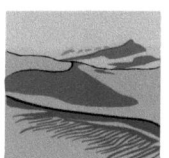

le désert
die Wüste

le volcan
der Vulkan

le château
das Schloss

l'arc-en-ciel
der Regenbogen

le champignon
der Pilz

le palmier
die Palme

le moustique
der Moskito

la mouche
die Fliege

les fourmis
die Ameise

l'abeille
die Biene

l'araignée
die Spinne

le scarabée
der Käfer

la grenouille
der Frosch

l'écureuil
das Eichhörnchen

le hérisson
der Igel

le lapin
der Hase

la chouette
die Eule

l'oiseau
die Vogel

le cygne
der Schwan

le sanglier
das Wildschwein

le cerf
der Hirsch

l'élan
der Elch

le barrage
der Staudamm

l'éolienne
das Windrad

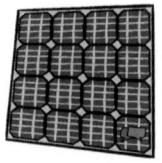

le panneau solaire
das Solarmodul

le climat
das Klima

le restaurant
das Restaurant

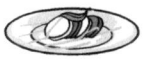

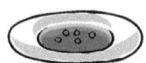

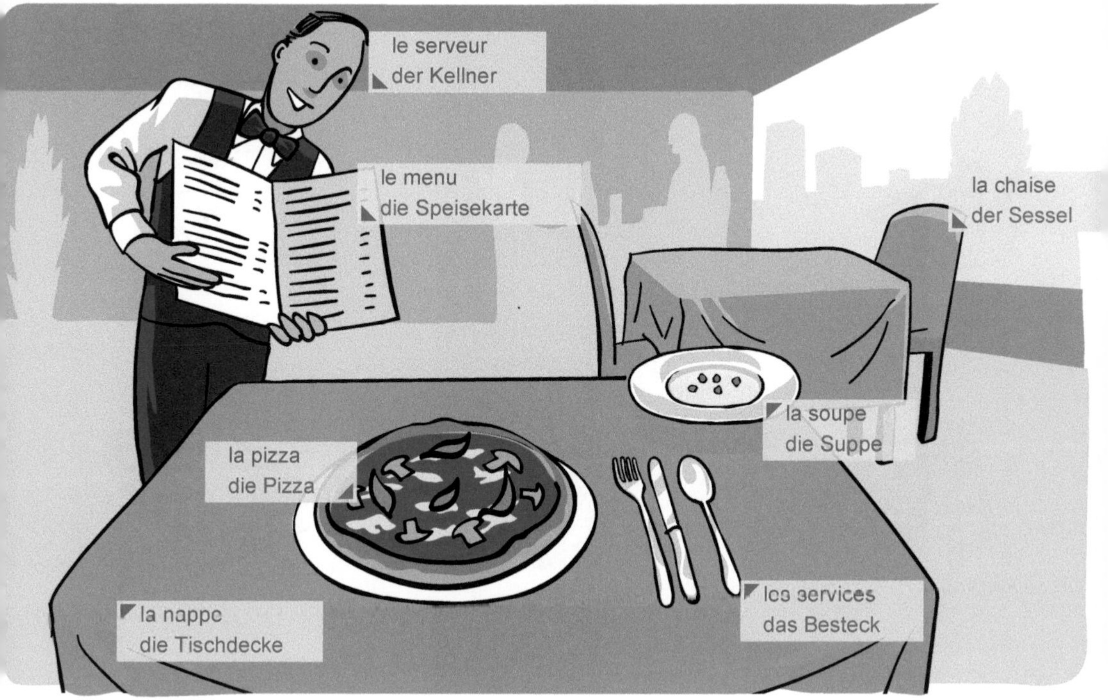
le serveur
der Kellner
le menu
die Speisekarte
la chaise
der Sessel
la soupe
die Suppe
la pizza
die Pizza
la nappe
die Tischdecke
les services
das Besteck

les hors d'œuvre
die Vorspeise

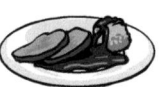

le plat principal
das Hauptgericht

le dessert
die Nachspeise

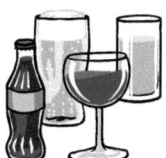

les boissons
die Getränke

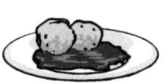

l'alimentation
das Essen

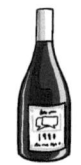

la bouteille
die Flasche

le fast-food

das Fastfood

les plats à emporter

das Streetfood

la théière

die Teekanne

le sucrier

die Zuckerdose

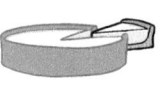

la portion

die Portion

la machine à expresso

die Espressomaschine

la chaise haute

der Kinderstuhl

la facture

die Rechnung

le plateau

das Tablett

le couteau

das Messer

la fourchette

die Gabel

la cuillère

der Löffel

la cuillère à thé

der Teelöffel

la serviette

die Serviette

le verre

das Glas

le restaurant - das Restaurant

l'assiette

der Teller

l'assiette à soupe

der Suppenteller

la soucoupe

die Untertasse

la sauce

die Sauce

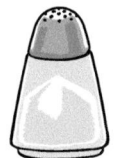

la salière

der Salzstreuer

le moulin à poivre

die Pfeffermühle

le vinaigre

der Essig

l'huile

das Öl

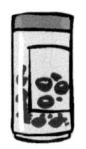

les épices

die Gewürze

le ketchup

das Ketchup

la moutarde

der Senf

la mayonnaise

die Mayonnaise

le supermarché
der Supermarkt

l'offre promotionnelle
das Angebot
FOR
le client
der Kunde
les produits laitiers
die Milchprodukte
les fruits
das Obst
le caddie
der Einkaufswagen

BUTCHERS

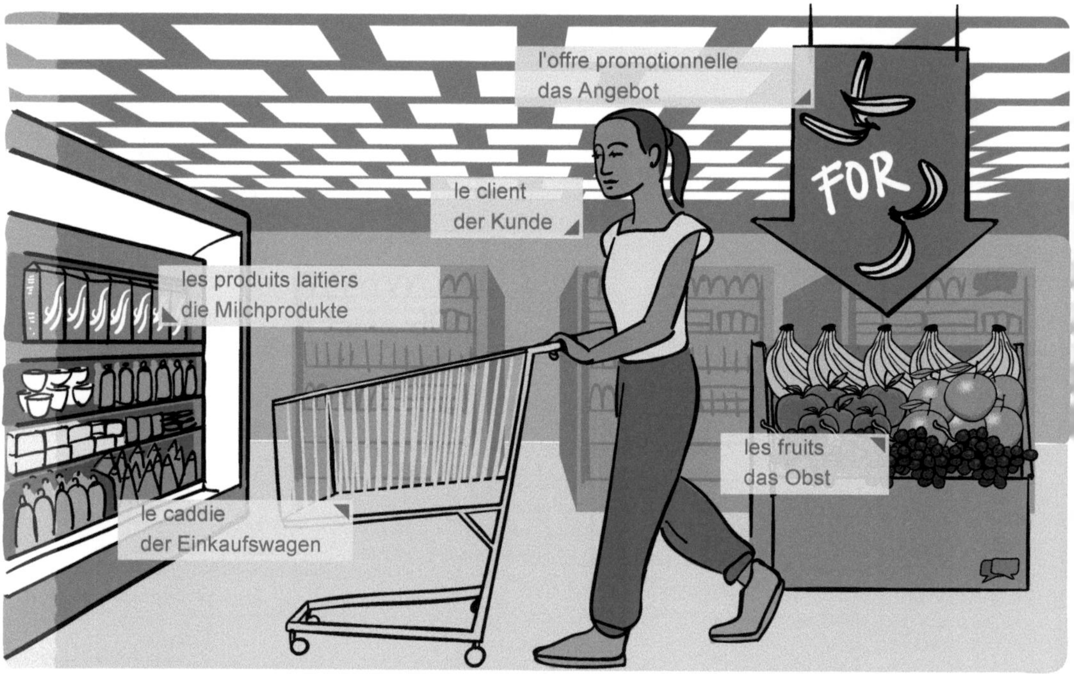

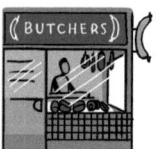

la boucherie

die Schlachterei

BAKERY

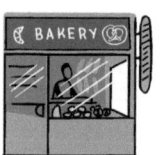

la boulangerie

die Bäckerei

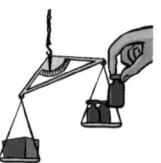

peser

wiegen

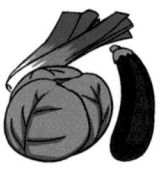

les légumes

das Gemüse

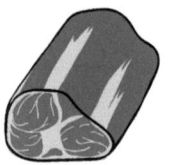

la viande

das Fleisch

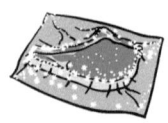

les aliments surgelés

die Tiefkühlkost

la charcuterie

der Aufschnitt

les conserves

die Konserven

la poudre à lessive

das Waschmittel

les bonbons

die Süßigkeiten

les articles ménagers

die Haushaltsartikel

les détergents

das Reinigungsmittel

la vendeuse

die Verkäuferin

la caisse

die Kassa

le caissier

die Kassiererin

la liste d'achats

die Einkaufsliste

les heures d'ouverture

die Öffnungszeiten

le portefeuille

die Brieftasche

la carte de crédit

die Kreditkarte

le sac

die Tasche

le sac en plastique

die Plastiktüte

l'eau

das Wasser

le jus de fruit

der Saft

le lait

die Milch

le coca

die Cola

le vin

der Wein

la bière

das Bier

l'alcool

der Alkohol

le chocolat chaud

der Kakao

le thé

der Tee

le café

der Kaffee

l'expresso

der Espresso

le cappuccino

der Cappuccino

la banane

die Banane

la pomme

der Apfel

l'orange

die Orange

le melon

die Melone

le citron

die Zitrone

la carotte

die Karotte

l'ail

der Knoblauch

le bambou

der Bambus

l'oignon

die Zwiebel

le champignon

der Pilz

les noisettes

die Nüsse

les pâtes

die Nudeln

les spaghettis

die Spaghetti

le riz

der Reis

la salade

der Salat

les frites

die Pommes frites

les pommes de terre rôties

die Bratkartoffeln

la pizza

die Pizza

le hamburger

der Hamburger

le sandwich

das Sandwich

l'escalope

das Schnitzel

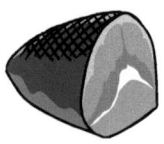

le jambon

der Schinken

le salami

die Salami

la saucisse

die Wurst

le poulet

das Huhn

le rôti

der Braten

le poisson

der Fisch

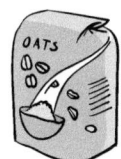

les flocons d'avoine

die Haferflocken

le muesli

das Müsli

les cornflakes

die Cornflakes

la farine

das Mehl

le croissant

das Croissant

les petits-pains

die Semmel

le pain

das Brot

le pain grillé

der Toast

les biscuits

die Kekse

le beurre

die Butter

le fromage blanc

der Topfen

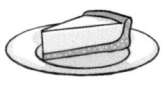

le gâteau

der Kuchen

l'œuf

das Ei

l'œuf au plat

das Spiegelei

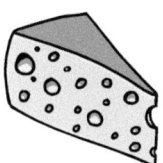

le fromage

der Käse

la glace

die Eiscreme

le sucre

der Zucker

le miel

der Honig

la confiture

die Marmelade

la crème nougat

der Schokoladenaufstrich

le curry

das Curry

la ferme
der Bauernhof

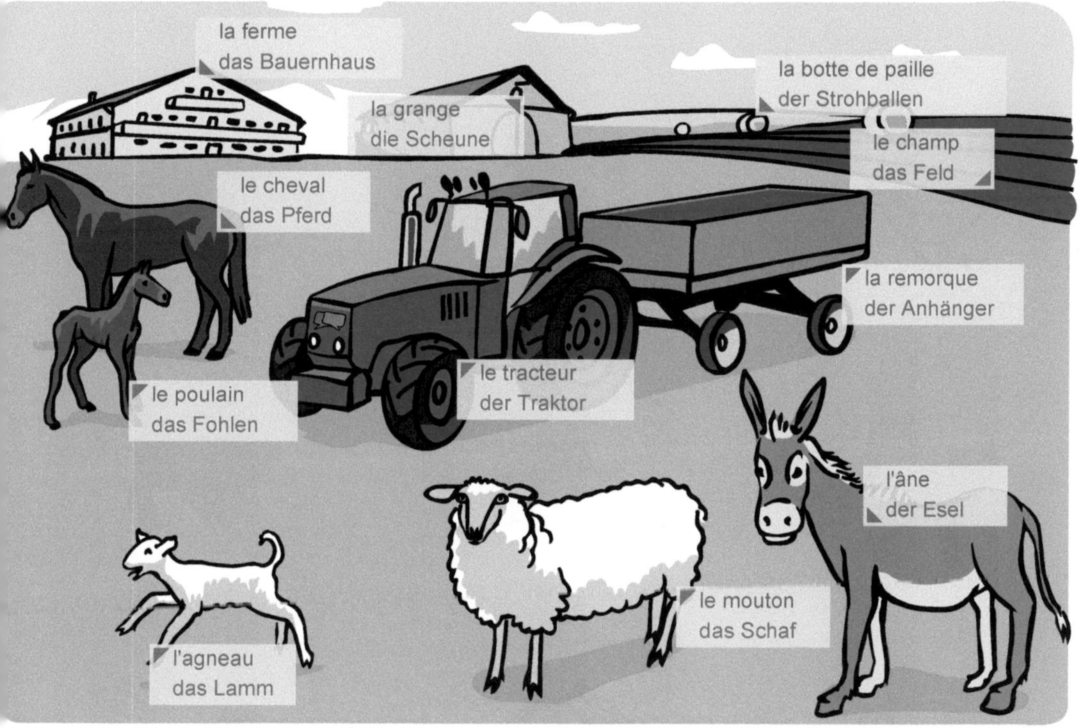
la ferme
das Bauernhaus
la grange
die Scheune
la botte de paille
der Strohballen
le champ
das Feld
le cheval
das Pferd
la remorque
der Anhänger
le tracteur
der Traktor
le poulain
das Fohlen
l'âne
der Esel
le mouton
das Schaf
l'agneau
das Lamm

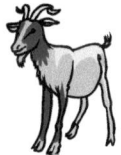

la chèvre

die Ziege

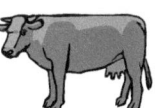

la vache

die Kuh

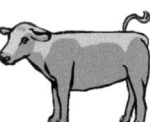

le veau

das Kalb

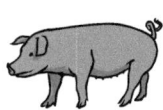

le porc

das Schwein

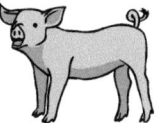

le porcelet

das Ferkel

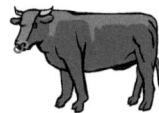

le taureau

der Stier

l'oie
die Gans

le canard
die Ente

le poussin
das Küken

la poule
das Huhn

le coq
der Hahn

le rat
die Ratte

le chat
die Katze

la souris
die Maus

le bœuf
der Ochse

le chien
der Hund

le chenil
die Hundehütte

le tuyau de jardin
der Gartenschlauch

l'arrosoir
die Gießkanne

la faucheuse
die Sense

la charrue
der Pflug

la faucille
die Sichel

la pioche
die Hacke

la fourche
die Mistgabel

la hache
die Axt

la brouette
die Schubkarre

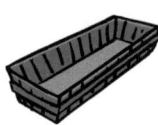

la cuve
der Trog

le pot à lait
die Milchkanne

le sac
der Sack

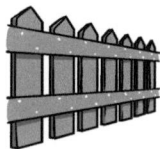

la clôture
der Zaun

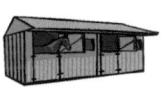

l'étable
der Stall

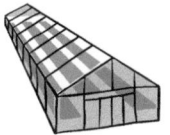

la serre
das Treibhaus

le sol
der Boden

les semences
die Saat

l'engrais
der Dünger

la moissonneuse-batteuse
der Mähdrescher

récolter
ernten

la récolte
die Ernte

l'igname
die Yamswurzel

le blé
der Weizen

le soja
das Soja

la pomme de terre
der Erdapfel

le maïs
der Mais

le colza
der Raps

l'arbre fruitier
der Obstbaum

le manioc
der Maniok

les céréales
das Getreide

la maison
das Haus

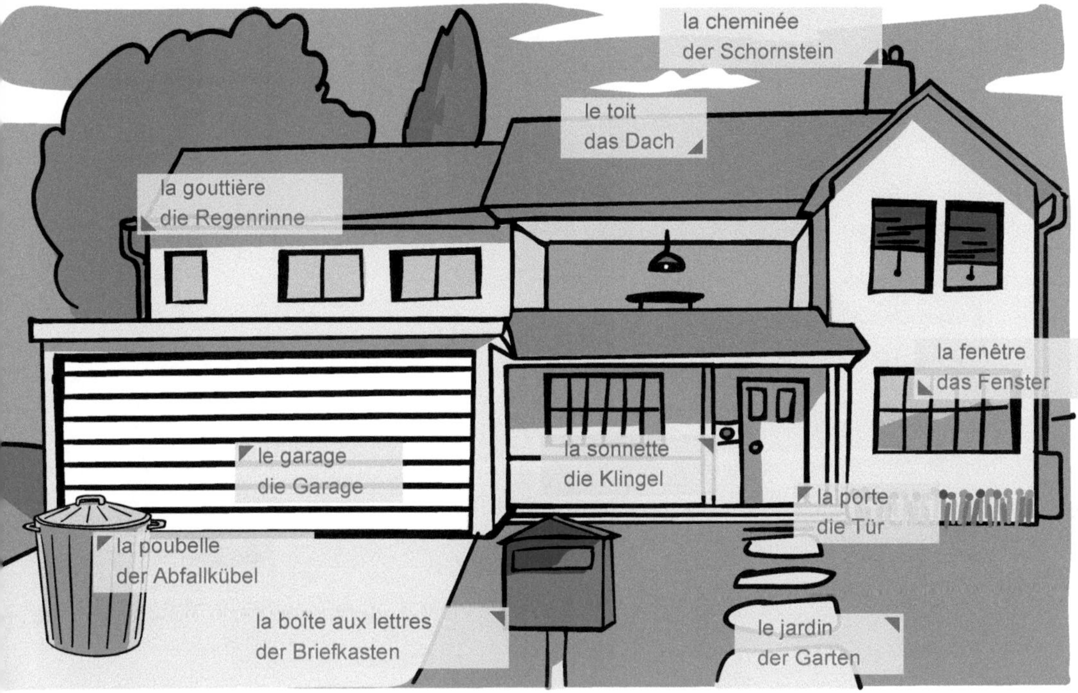
la cheminée
der Schornstein
le toit
das Dach
la gouttière
die Regenrinne
la fenêtre
das Fenster
le garage
die Garage
la sonnette
die Klingel
la porte
die Tür
la poubelle
der Abfallkübel
la boîte aux lettres
der Briefkasten
le jardin
der Garten

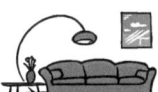

le salon

das Wohnzimmer

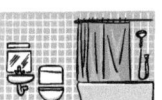

la chambre de bain

das Badezimmer

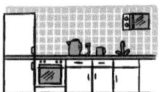

la cuisine

die Küche

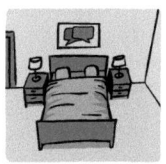

la chambre à coucher

das Schlafzimmer

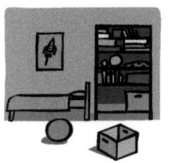

la chambre d'enfant

das Kinderzimmer

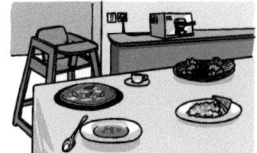

la salle à manger

das Esszimmer

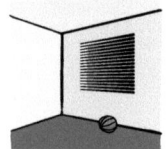

le sol
....
der Boden

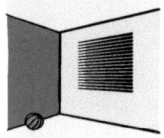

le mur
....
die Wand

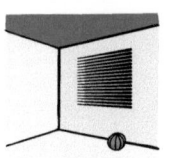

le plafond
....
die Decke

la cave
....
der Keller

le sauna
....
die Sauna

le balcon
....
der Balkon

la terrasse
....
die Terrasse

la piscine
....
das Schwimmbad

la tondeuse à gazon
....
der Rasenmäher

la fourre de duvet
....
der Bettbezug

la couette
....
die Bettdecke

le lit
....
das Bett

le balai
....
der Besen

le sceau
....
der Kübel

l'interrupteur
....
der Schalter

le salon
das Wohnzimmer

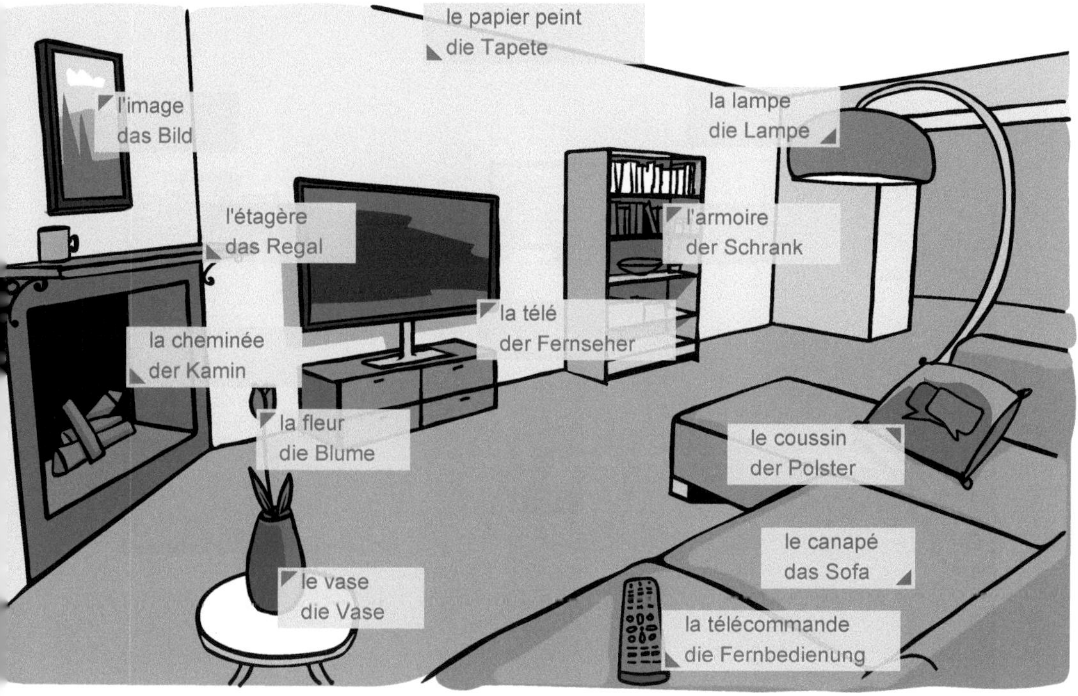
le papier peint
die Tapete
l'image
das Bild
la lampe
die Lampe
l'étagère
das Regal
l'armoire
der Schrank
la télé
der Fernseher
la cheminée
der Kamin
la fleur
die Blume
le coussin
der Polster
le canapé
das Sofa
le vase
die Vase
la télécommande
die Fernbedienung

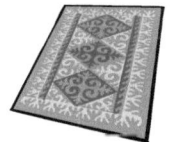

le tapis

der Teppich

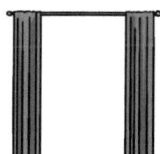

le rideau

der Vorhang

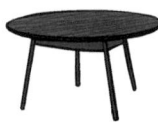

la table

der Tisch

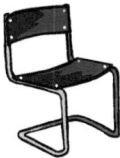

la chaise

der Sessel

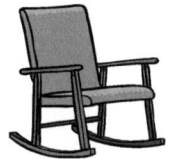

la chaise à bascule

der Schaukelstuhl

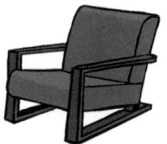

le fauteuil

der Sessel

le livre

das Buch

la couverture

die Decke

la décoration

die Dekoration

le bois de chauffage

das Feuerholz

le film

der Film

la chaîne hi-fi

die Stereoanlage

la clé

der Schlüssel

le journal

die Zeitung

la peinture

das Gemälde

le poster

das Poster

la radio

das Radio

le bloc-notes

der Notizblock

l'aspirateur

der Staubsauger

le cactus

der Kaktus

la bougie

die Kerze

la cuisine
die Küche

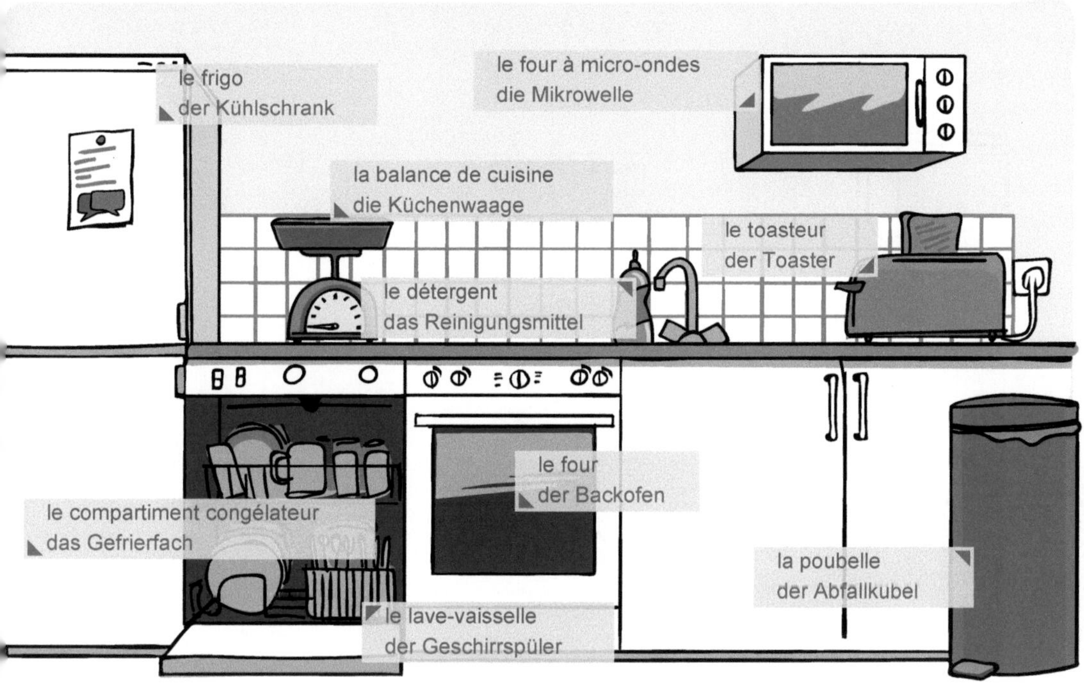

le frigo
der Kühlschrank
le four à micro-ondes
die Mikrowelle
la balance de cuisine
die Küchenwaage
le toasteur
der Toaster
le détergent
das Reinigungsmittel
le four
der Backofen
le compartiment congélateur
das Gefrierfach
la poubelle
der Abfallkubel
le lave-vaisselle
der Geschirrspüler

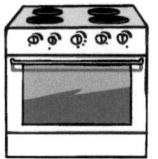

le four

der Herd

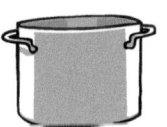

la casserole

der Topf

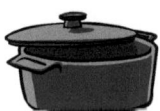

la marmite

der Eisentopf

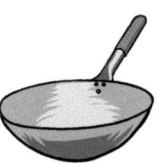

le wok/kadai

der Wok / Kadai

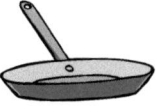

la poêle

die Pfanne

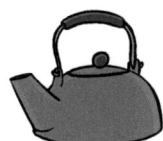

la bouilloire électrique

der Wasserkocher

le cuiseur vapeur

der Dampfgarer

la plaque de cuisson

das Backblech

la vaisselle

das Geschirr

le gobelet

der Becher

le bol

die Schale

les baguettes

die Essstäbchen

la louche

der Schöpflöffel

la spatule

der Pfannenwender

le fouet

der Schneebesen

la passoire

das Kochsieb

le tamis

das Sieb

la râpe

die Reibe

le mortier

der Mörser

le barbecue

der Grill

la cheminée

das Kaminfeuer

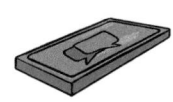

la planche à découper

das Schneidebrett

le rouleau à pâtisserie

das Nudelholz

le tire-bouchon

der Korkenzieher

la boîte

die Dose

l'ouvre-boîte

der Dosenöffner

les maniques

der Topflappen

le lavabo

das Waschbecken

la brosse

die Bürste

l'eponge

der Schwamm

le mixeur

der Mixer

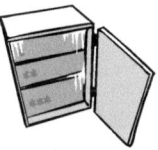

le congélateur

die Gefriertruhe

le biberon

die Babyflasche

le robinet

der Wasserhahn

la chambre de bain
das Badezimmer

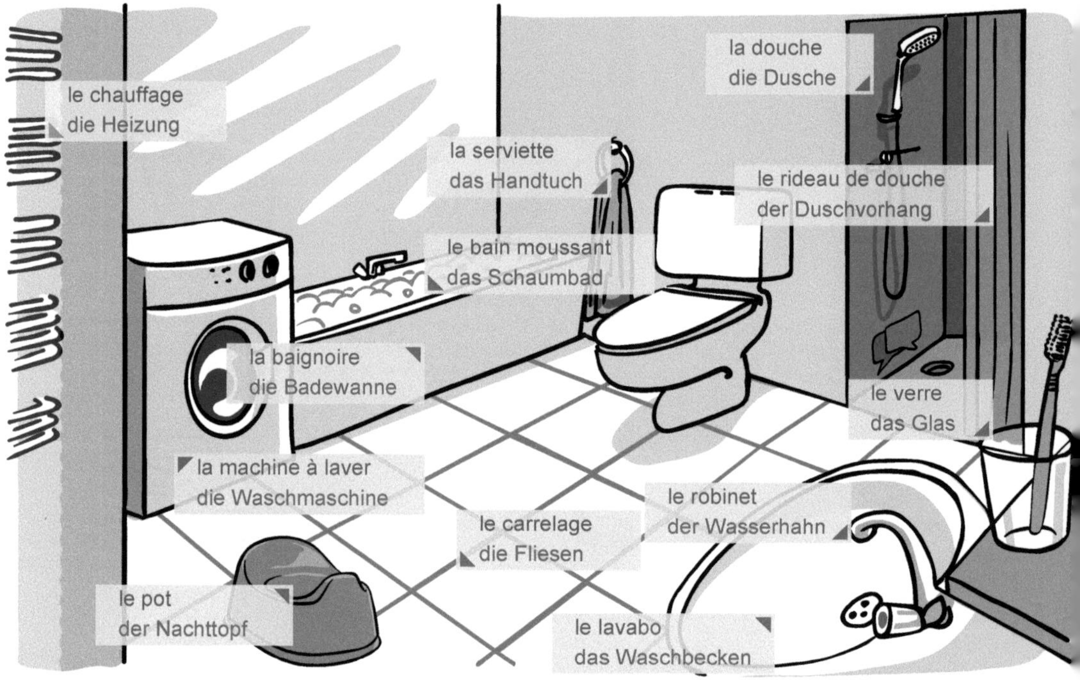

le chauffage
die Heizung

la douche
die Dusche

la serviette
das Handtuch

le rideau de douche
der Duschvorhang

le bain moussant
das Schaumbad

la baignoire
die Badewanne

le verre
das Glas

la machine à laver
die Waschmaschine

le robinet
der Wasserhahn

le carrelage
die Fliesen

le pot
der Nachttopf

le lavabo
das Waschbecken

les toilettes
....
das Klo

la toilette à la turque
....
die Hocktoilette

le bidet
....
das Bidet

l'urinoir
....
das Pissoir

le papier toilette
....
das Klopapier

la brosse à toilette
....
die Klobürste

la brosse à dents

die Zahnbürste

le dentifrice

die Zahnpasta

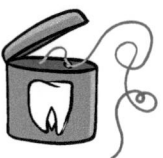

le fil dentaire

die Zahnseide

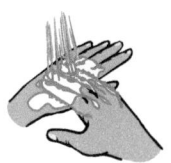

laver

waschen

la douche manuelle

die Handbrause

la douche intime

die Intimdusche

la vasque

die Waschschüssel

la brosse dorsale

die Rückenbürste

le savon

die Seife

le gel douche

das Duschgel

le shampooing

das Shampoo

le gant de toilette

der Waschlappen

l'écoulement

der Abfluss

la crème

die Creme

le déodorant

das Deodorant

le miroir

der Spiegel

le miroir cosmétique

der Kosmetikspiegel

le rasoir

der Rasierer

la mousse à raser

der Rasierschaum

l'après-rasage

das Rasierwasser

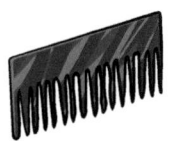

la peigne

der Kamm

la brosse

die Bürste

le sèche-cheveux

der Föhn

la laque pour cheveux

das Haarspray

le fond de teint

das Makeup

le rouge à lèvres

der Lippenstift

le vernis à ongles

der Nagellack

l'ouate

die Watte

le coupe-ongles

die Nagelschere

le parfum

das Parfum

la trousse de toilette

der Kulturbeutel

le tabouret

der Hocker

la balance

die Waage

le peignoir

der Bademantel

les gants de nettoyage

die Gummihandschuhe

le tampon

das Tampon

les serviettes hygiéniques

die Damenbinde

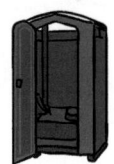

la toilette chimique

die Chemietoilette

la chambre d'enfant

das Kinderzimmer

le réveil
der Wecker
le doudou
das Kuscheltier
la voiture jouet
das Spielzeugauto
le hochet
die Rassel
la maison de poupée
das Puppenhaus
le cadeau
das Geschenk

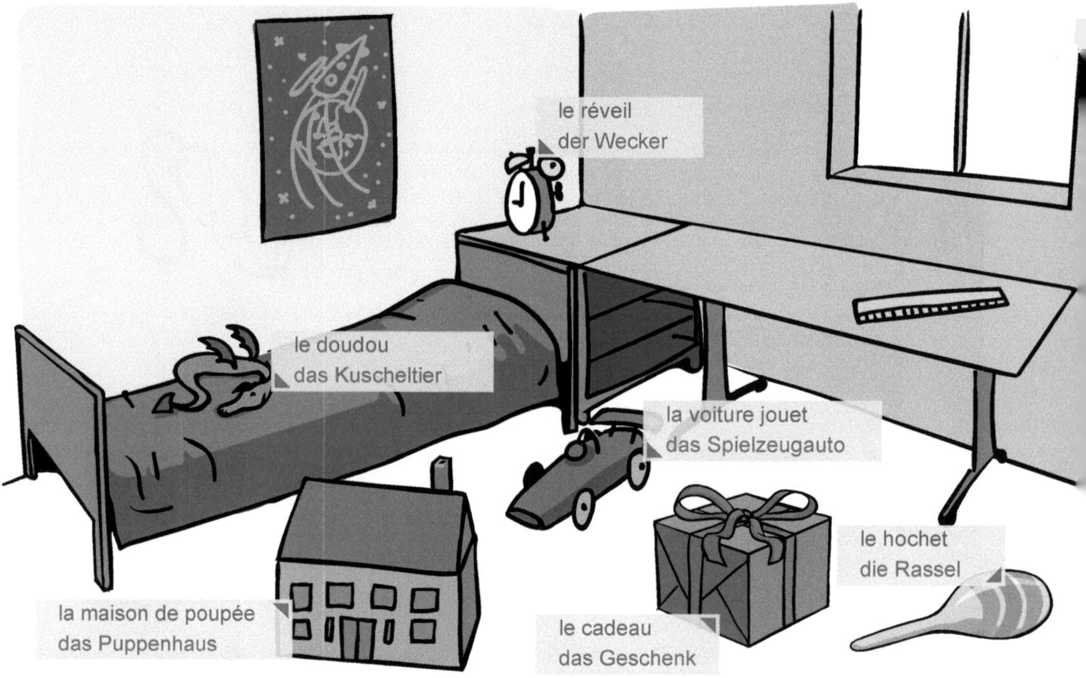

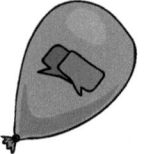

le ballon

der Ballon

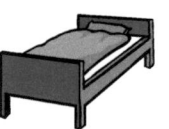

le lit

das Bett

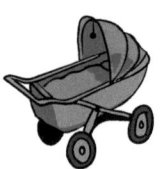

la poussette

der Kinderwagen

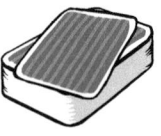

le jeu de cartes

das Kartenspiel

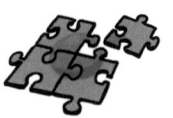

le puzzle

das Puzzle

la bande dessinée

der Comic

les pièces lego
die Legosteine

les blocs de construction
die Bausteine

la figurine
die Actionfigur

la grenouillère
der Strampelanzug

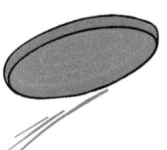

le frisbee
das Frisbee

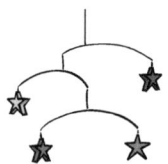

le mobile
das Mobile

le jeu de société
das Brettspiel

le dé
der Würfel

le train miniature
die Modelleisenbahn

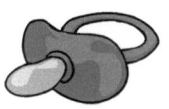

la sucette
der Schnuller

la fête
die Party

le livre d'images
das Bilderbuch

la balle
der Ball

la poupée
die Puppe

jouer
spielen

le bac à sable
....
der Sandkasten

la balançoire
....
die Schaukel

les jouets
....
das Spielzeug

la console de jeu
....
die Spielkonsole

le tricycle
....
das Dreirad

l'ours en peluche
....
der Teddy

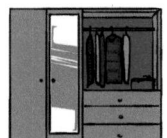

l'armoire
....
der Kleiderschrank

les vêtements
die Kleidung

les chaussettes
....
die Socken

les bas
....
die Strümpfe

le collant
....
die Strumpfhose

l'écharpe
der Schal

le parapluie
der Regenschirm

le t-shirt
das T-Shirt

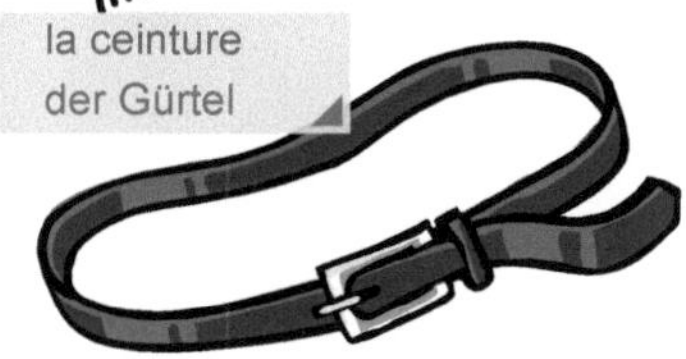

la ceinture
der Gürtel

les bottes
die Stiefel

les pantoufles
die Hausschuhe

les baskets
die Turnschuhe

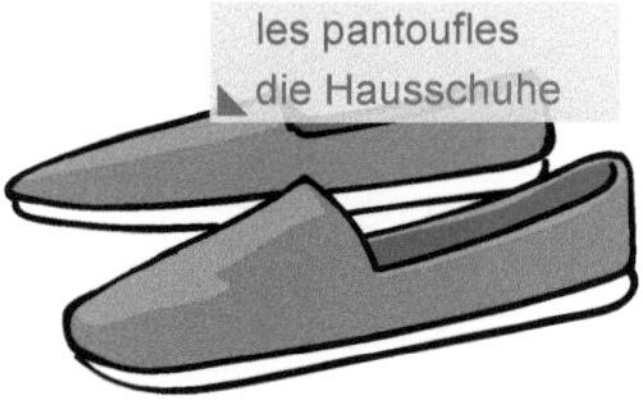

les sandales
....
die Sandalen

les chaussures
....
die Schuhe

les bottes de caoutchouc
....
die Gummistiefel

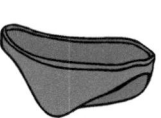
le linge de corps
....
die Unterhose

le soutien-gorge
....
der Büstenhalter

le maillot de corps
....
das Unterhemd

le body
....
der Body

le pantalon
....
die Hose

le jean
....
die Jeans

la jupe
....
der Rock

le chemisier
....
die Bluse

la chemise
....
das Hemd

le pull
....
der Pullover

le pull-over à capuche
....
der Kapuzenpullover

la veste
....
der Blazer

la veste
....
die Jacke

le manteau
....
der Mantel

l'imperméable
....
der Regenmantel

le costume
....
das Kostüm

la robe
....
das Kleid

la robe de mariée
....
das Hochzeitskleid

le costume

der Anzug

la chemise de nuit

das Nachthemd

le pyjama

der Pyjama

le sari

der Sari

le foulard

das Kopftuch

le turban

der Turban

la burqa

die Burka

le caftan

der Kaftan

l'abaya

die Abaya

le maillot de bain

der Badeanzug

le costume de bain

die Badehose

les cuissettes

die kurze Hose

la tenue d'entraînement

der Jogginganzug

le tablier

die Schürze

les gants

die Handschuhe

le bouton

der Knopf

les lunettes

die Brille

le bracelet

das Armband

le collier

die Halskette

la bague

der Ring

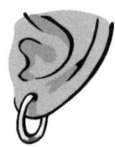

la boucle d'oreille

der Ohrring

le bonnet

die Mütze

le cintre

der Kleiderbügel

le chapeau

der Hut

la cravate

die Krawatte

la fermeture éclair

der Reißverschluss

le casque

der Helm

les bretelles

der Hosenträger

l'uniforme scolaire

die Schuluniform

l'uniforme

die Uniform

le bavoir
....
das Lätzchen

la sucette
....
der Schnuller

la couche
....
die Windel

le bureau
das Büro

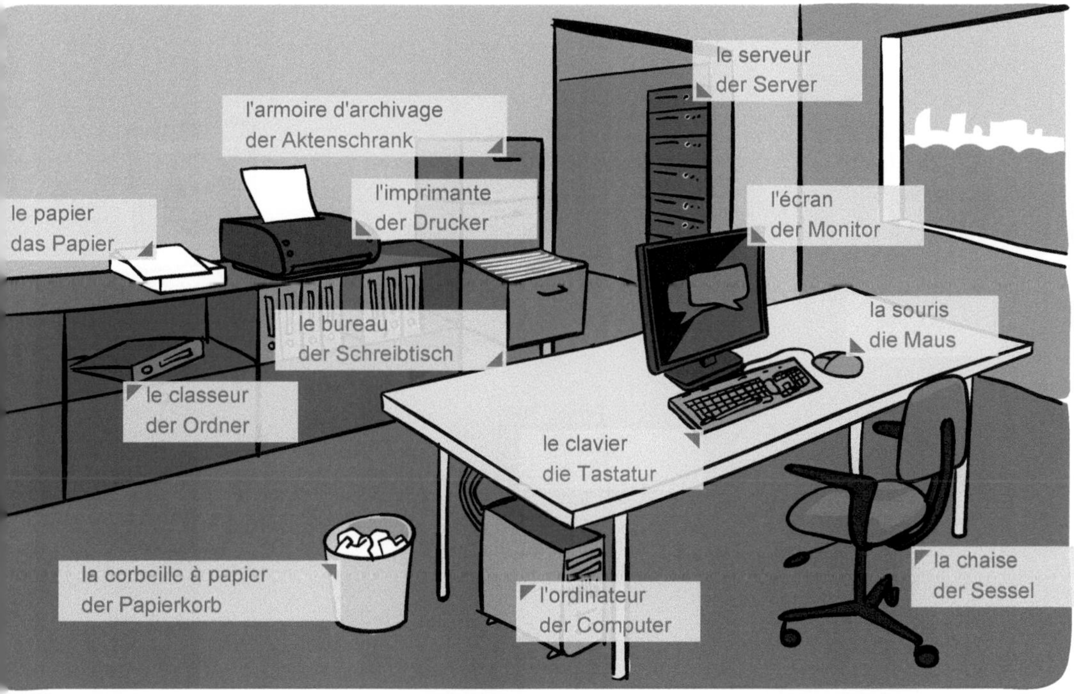

le serveur
der Server

l'armoire d'archivage
der Aktenschrank

l'imprimante
der Drucker

l'écran
der Monitor

le papier
das Papier

le bureau
der Schreibtisch

la souris
die Maus

le classeur
der Ordner

le clavier
die Tastatur

la corbeille à papier
der Papierkorb

l'ordinateur
der Computer

la chaise
der Sessel

la tasse à café
....
der Kaffeebecher

la calculatrice
....
der Taschenrechner

l'internet
....
das Internet

l'ordinateur portable

der Laptop

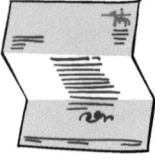

la lettre

der Brief

le message

die Nachricht

le portable

das Handy

le réseau

das Netzwerk

la photocopieuse

der Kopierer

le logiciel

die Software

le téléphone

das Telefon

la prise

die Steckdose

le fax

das Fax

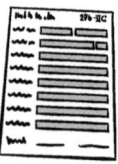

le formulaire

das Formular

le document

das Dokument

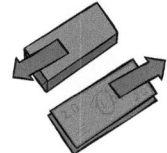

acheter

kaufen

payer

bezahlen

marchander

handeln

la monnaie

das Geld

le dollar

der Dollar

l'euro

der Euro

le yen

der Yen

le rouble

der Rubel

le franc suisse

der Franken

le renminbi yuan

der Renminbi Yuan

la roupie

die Rupie

le distributeur automatique

der Bankomat

le bureau de change

die Wechselstube

l'or

das Gold

l'argent

das Silber

le pétrole

das Öl

l'énergie

die Energie

le prix

der Preis

le contrat

der Vertrag

la taxe

die Steuer

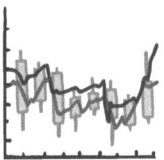

l'action

die Aktie

travailler

arbeiten

l'employé

der Angestellte

l'employeur

der Arbeitgeber

l'usine

die Fabrik

le magasin

das Geschäft

les professions

die Berufe

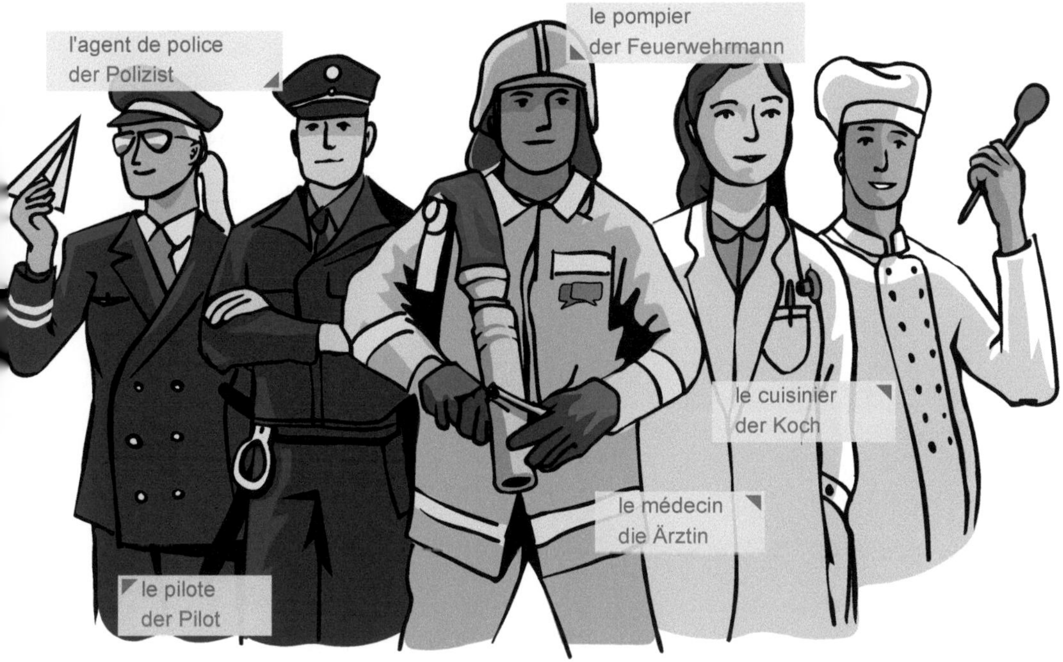
l'agent de police
der Polizist
le pompier
der Feuerwehrmann
le cuisinier
der Koch
le médecin
die Ärztin
le pilote
der Pilot

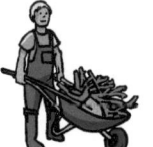

le jardinier

der Gärtner

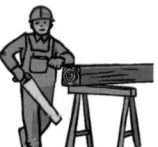

le menuisier

der Tischler

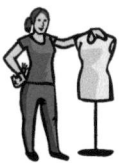

la couturière

die Schneiderin

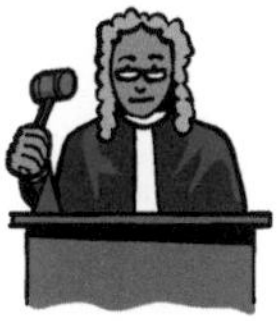

le juge

der Richter

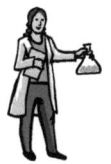

le chimiste

die Chemikerin

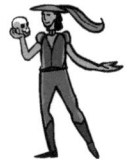

l'acteur

der Schauspieler

le conducteur de bus

der Busfahrer

le chauffeur de taxi

der Taxifahrer

le pêcheur

der Fischer

la femme de ménage

die Putzfrau

le couvreur

der Dachdecker

le serveur

der Kellner

le chasseur

der Jäger

le peintre

der Maler

le boulanger

der Bäcker

l'électricien

der Elektriker

l'ouvrier

der Bauarbeiter

l'ingénieur

der Ingenieur

le boucher

der Schlachter

le plombier

der Installateur

le facteur

die Briefträgerin

le soldat

der Soldat

l'architecte

der Architekt

le caissier

die Kassiererin

le fleuriste

die Blumenhändlerin

le coiffeur

der Friseur

le contrôleur

der Schaffner

le mécanicien

der Mechaniker

le capitaine

der Kapitän

le dentiste

die Zahnärztin

le scientifique

der Wissenschaftler

le rabbin

der Rabbi

l'imam

der Imam

le moine

der Mönch

le prêtre

der Pfarrer

les outils
die Werkzeuge

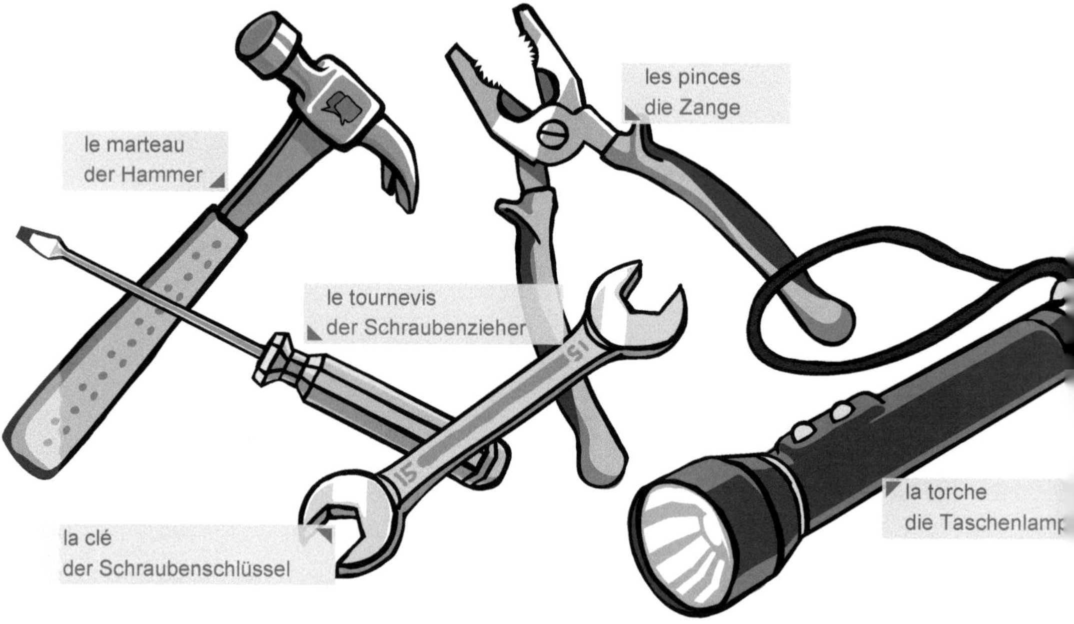

le marteau
der Hammer
les pinces
die Zange
le tournevis
der Schraubenzieher
la torche
die Taschenlamp
la clé
der Schraubenschlüssel

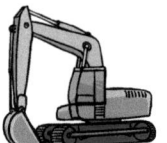

la pelleteuse

der Bagger

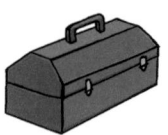

la boîte à outils

der Werkzeugkasten

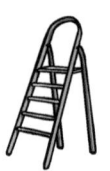

l'échelle

die Leiter

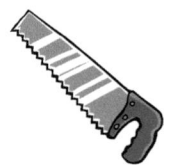

la scie

die Säge

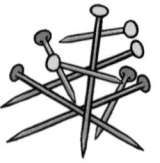

les clous

die Nägel

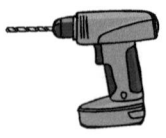

la perceuse

der Bohrer

réparer
reparieren

la pelle
die Schaufel

Mince!
Scheiße!

la pelle
die Kehrschaufel

le pot de peinture
der Farbtopf

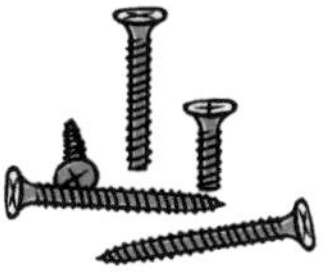

les vis
die Schrauben

les instruments de musique
die Musikinstrumente

la batterie
das Schlagzeug

le haut-parleur
der Lautsprecher

la guitare
die Gitarre

la contrebasse
der Kontrabass

la trompette
die Trompete

le piano

das Klavier

le violon

die Violine

la basse

der Bass

les timbales

die Pauke

le tambour

die Trommeln

le piano électrique

die Tastatur

le saxophone

das Saxophon

la flûte

die Flöte

le microphone

das Mikrofon

l'entrée
der Eingang

le tigre
der Tiger

la cage
der Käfig

le zèbre
das Zebra

l'alimentation animale
das Tierfutter

le panda
der Panda

les animaux

die Tiere

l'éléphant

der Elefant

le kangourou

das Känguru

le rhinocéros

das Nashorn

le gorille

der Gorilla

l'ours

der Bär

le chameau

das Kamel

l'autruche

der Strauß

le lion

der Löwe

le singe

der Affe

le flamand rose

der Flamingo

le perroquet

der Papagei

l'ours polaire

der Eisbär

le pingouin

der Pinguin

le requin

der Hai

le paon

der Pfau

le serpent

die Schlange

le crocodile

das Krokodil

le gardien de zoo

der Zoowärter

le phoque

die Robbe

le jaguar

der Jaguar

le poney
das Pony

le léopard
der Leopard

l'hippopotame
das Nilpferd

la girafe
die Giraffe

l'aigle
der Adler

le sanglier
das Wildschwein

le poisson
der Fisch

la tortue
die Schildkröte

le morse
das Walross

le renard
der Fuchs

la gazelle
die Gazelle

l'american Football
das American Football

le cyclisme
das Radfahren

le tennis
das Tennis

le basket-ball
der Basketball

la natation
das Schwimmen

la boxe
das Boxen

le hockey sur glace
das Eishockey

le football
der Fußball

le badminton
das Badminton

l'athlétisme
die Leichtathletik

le handball
der Handball

le ski
das Skifahren

le polo
das Polo

les activités
die Aktivitäten

rire
lachen
sauter
springen
embrasser
umarmen
marcher
gehen
chanter
singen
rêver
träumen
prier
beten
faire la bise
küssen

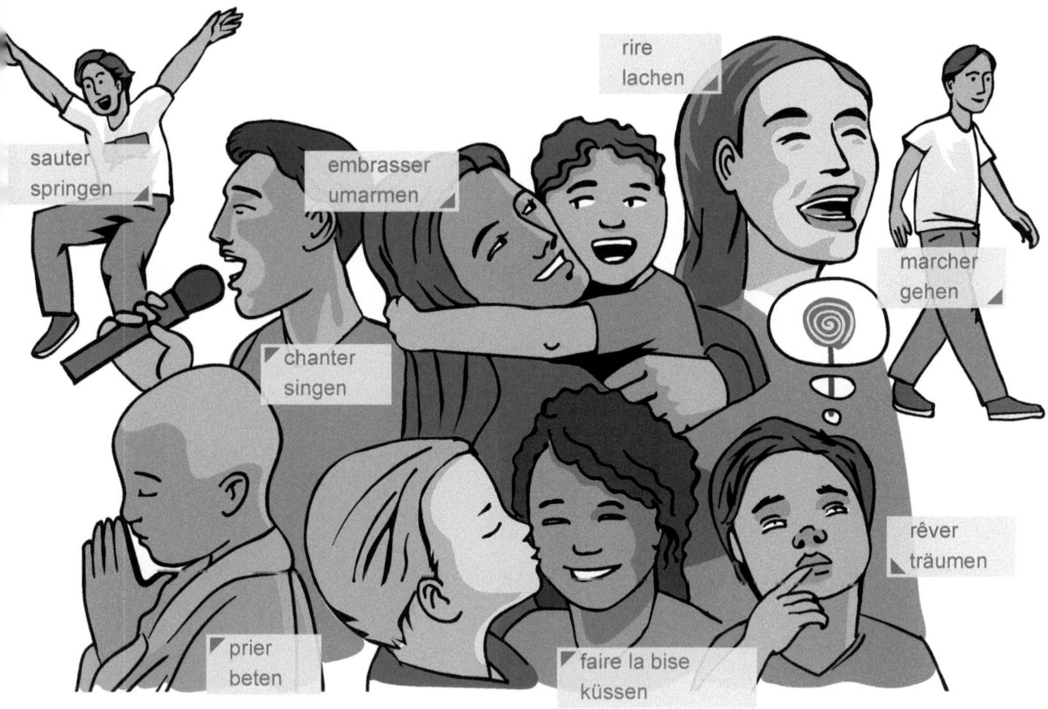

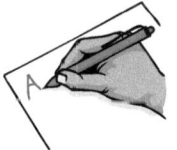

écrire

schreiben

dessiner

zeichnen

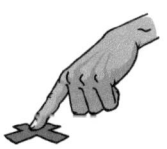

montrer

zeigen

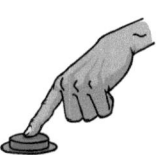

pousser

drücken

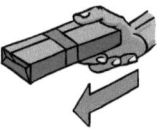

donner

geben

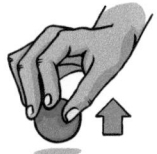

prendre

nehmen

avoir
....
haben

faire
....
machen

être
....
sein

être debout
....
stehen

courir
....
laufen

trier
....
ziehen

jeter
....
werfen

tomber
....
fallen

être couché
....
liegen

attendre
....
warten

porter
....
tragen

être assis
....
sitzen

s'habiller
....
anziehen

dormir
....
schlafen

se réveiller
....
aufwachen

regarder

ansehen

pleurer

weinen

caresser

streicheln

peigner

frisieren

parler

reden

comprendre

verstehen

demander

fragen

écouter

hören

boire

trinken

manger

essen

ranger

zusammenräumen

aimer

lieben

cuire

kochen

conduire

fahren

voler

fliegen

les activités - die Aktivitäten

faire de la voile
....
segeln

calculer
....
rechnen

lire
....
lesen

apprendre
....
lernen

travailler
....
arbeiten

se marier
....
heiraten

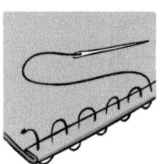

coudre
....
nähen

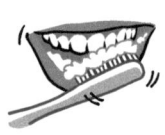

se brosser les dents
....
Zähne putzen

tuer
....
töten

fumer
....
rauchen

envoyer
....
senden

grand-mère
e Großmutter

le grand-père
der Großvater

le père
der Vater

la mère
die Mutter

le bébé
das Baby

la fille
die Tochter

le fils
der Sohn

l'hôte

der Gast

la tante

die Tante

l'oncle

der Onkel

le frère

der Bruder

la sœur

die Schwester

le corps
der Körper

le front
die Stirn
l'œil
das Auge
l'épaule
die Schulter
le doigt
der Finger
le visage
das Gesicht
le menton
das Kinn
la main
die Hand
la jambe
das Bein
la poitrine
die Brust
le bras
der Arm

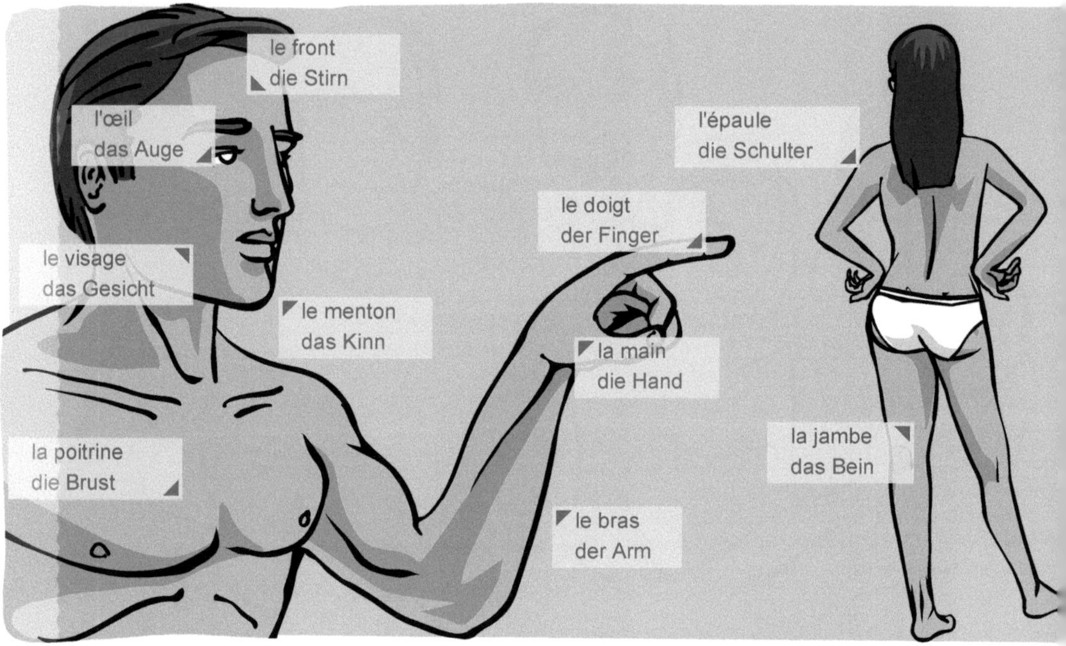

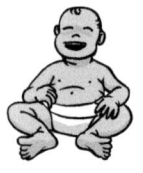

le bébé
das Baby

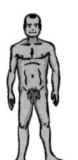

l'homme
der Mann

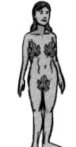

la femme
die Frau

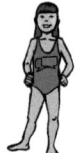

la fille
das Mädchen

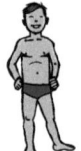

le garçon
der Junge

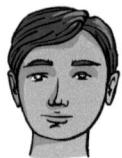

la tête
der Kopf

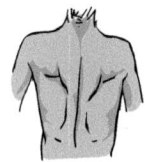

le dos
....
der Rücken

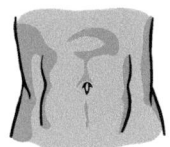

le ventre
....
der Bauch

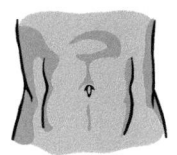

le nombril
....
der Nabel

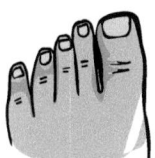

l'orteil
....
der Zeh

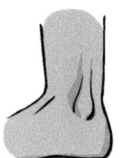

le talon
....
die Ferse

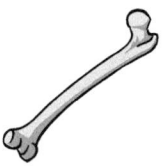

l'os
....
der Knochen

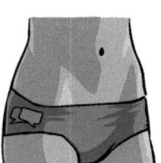

la hanche
....
die Hüfte

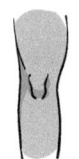

le genou
....
das Knie

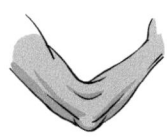

le coude
....
der Ellbogen

le nez
....
die Nase

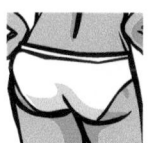

les fesses
....
das Gesäß

la peau
....
die Haut

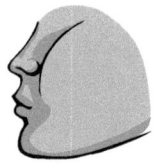

la joue
....
die Wange

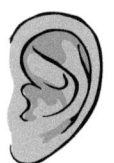

l'oreille
....
das Ohr

la lèvre
....
die Lippe

la bouche
der Mund

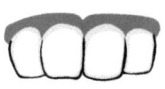

la dent
der Zahn

la langue
die Zunge

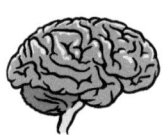

le cerveau
das Gehirn

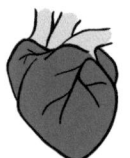

le cœur
das Herz

le muscle
der Muskel

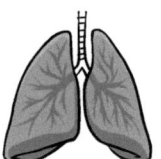

les poumons
die Lunge

le foie
die Leber

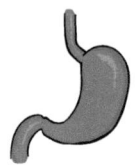

l'estomac
der Magen

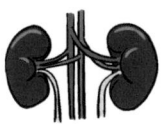

les reins
die Nieren

le rapport sexuel
der Geschlechtsverkehr

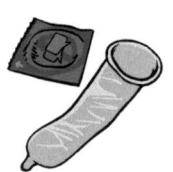

le préservatif
das Kondom

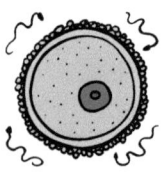

l'ovule
die Eizelle

le sperme
das Sperma

la grossesse
die Schwangerschaft

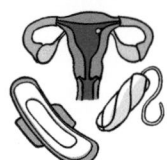

la menstruation

die Menstruation

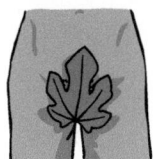

le vagin

die Vagina

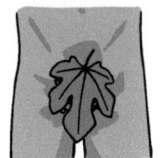

le pénis

der Penis

le sourcil

die Augenbraue

les cheveux

das Haar

le cou

der Hals

l'hôpital
das Spital

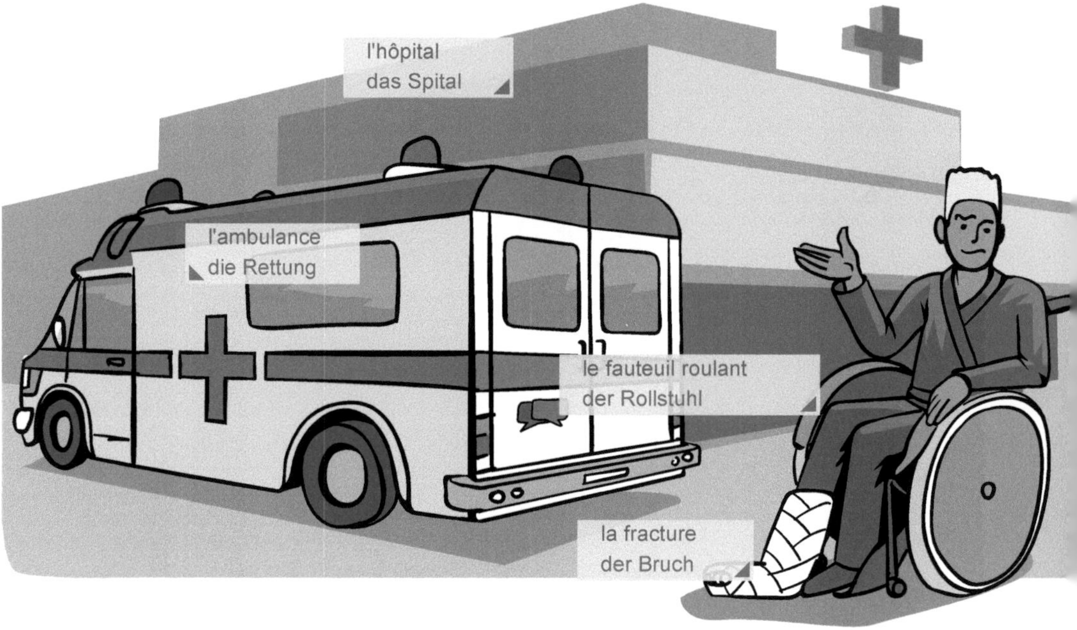

l'hôpital
das Spital
l'ambulance
die Rettung
le fauteuil roulant
der Rollstuhl
la fracture
der Bruch

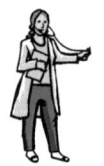

le médecin

die Ärztin

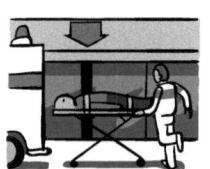

le service des urgences

die Notaufnahme

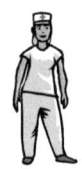

l'infirmière

die Krankenschwester

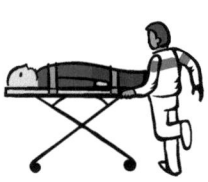

l'urgence

der Notfall

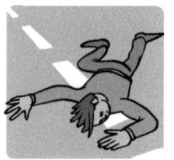

inconscient

ohnmächtig

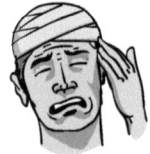

la douleur

der Schmerz

la blessure

die Verletzung

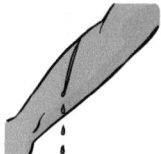

l'hémorragie

die Blutung

la crise cardiaque

der Herzinfarkt

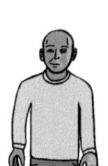

l'attaque cérébrale

der Schlaganfall

l'allergie

die Allergie

la toux

der Husten

la fièvre

das Fieber

la grippe

die Grippe

la diarrhée

der Durchfall

le mal de tête

die Kopfschmerzen

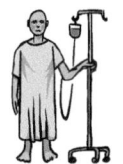

le cancer

der Krebs

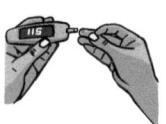

le diabète

die Diabetes

le chirurgien

der Chirurg

le scalpel

das Skalpell

l'opération

die Operation

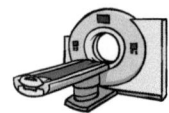

le CT
....
das CT

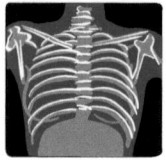

la radiographie
....
das Röntgen

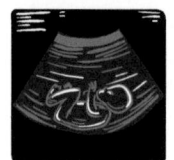

l'échographie
....
der Ultraschall

le masque
....
die Maske

la maladie
....
die Krankheit

la salle d'attente
....
das Wartezimmer

la béquille
....
die Krücke

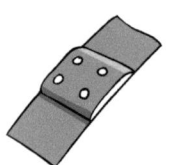

le pansement
....
das Pflaster

le pansement
....
der Verband

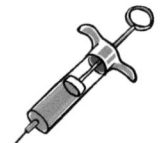

l'injection
....
die Injektion

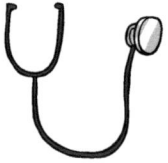

le stéthoscope
....
das Stethoskop

le brancard
....
die Trage

le thermomètre
....
das Thermometer

l'accouchement
....
die Geburt

le surpoids
....
das Übergewicht

l'appareil auditif

das Hörgerät

le désinfectant

das Desinfektionsmittel

l'infection

die Infektion

le virus

das Virus

le VIH / le sida

das HIV / AIDS

le médicament

die Medizin

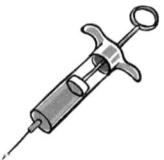

la vaccination

die Impfung

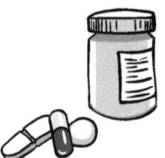

les tablettes

die Tabletten

la pilule

die Pille

l'appel d'urgence

der Notruf

le tensiomètre

der Blutdruckmesser

malade / sain

krank / gesund

Au secours!

Hilfe!

l'alarme

der Alarm

l'agression

der Überfall

l'attaque

der Angriff

le danger

die Gefahr

la sortie de secours

der Notausgang

Au feu!

Feuer!

l'extincteur

der Feuerlöscher

l'accident

der Unfall

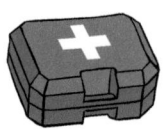

la trousse de premier secours

der Erste-Hilfe-Koffer

SOS

SOS

la police

die Polizei

l'Europe

das Europa

l'Amérique du Nord

das Nordamerika

l'Amérique du Sud

das Südamerika

l'Afrique

das Afrika

l'Asie

das Asien

l'Australie

das Australien

l'Océan atlantique

der Atlantik

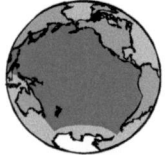

l'Océan pacifique

der Pazifik

l'Océan indien

der Indische Ozean

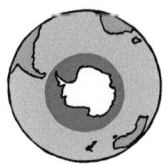

l'Océan antarctique

der Antarktische Ozean

l'Océan arctique

der Arktische Ozean

le Pôle nord

der Nordpol

le Pôle sud

der Südpol

l'Antarctique

die Antarktis

la terre

die Erde

le pays

das Land

la mer

das Meer

l'île

die Insel

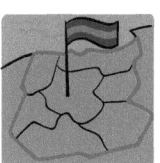

la nation

die Nation

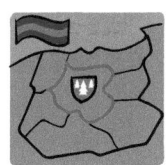

l'état

der Staat

le cadran

das Ziffernblatt

l'aiguille des heures

der Stundenzeiger

l'aiguille des minutes

der Minutenzeiger

l'aiguille des secondes

der Sekundenzeiger

Quelle heure est-il?

Wie spät ist es?

le jour

der Tag

le temps

die Zeit

maintenant

jetzt

la montre digitale

die Digitaluhr

la minute

die Minute

l'heure

die Stunde

la semaine

die Woche

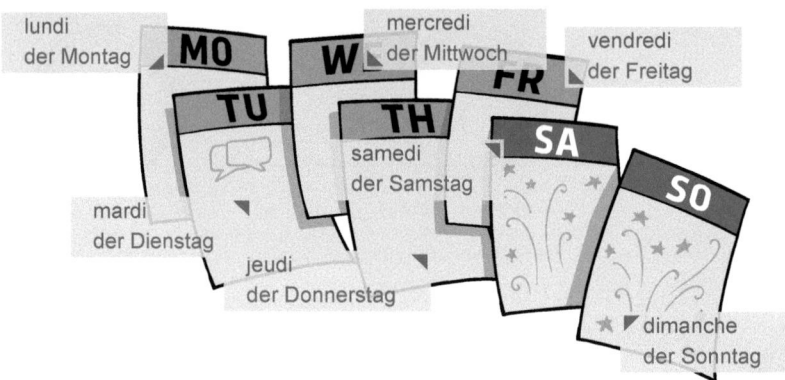

lundi
der Montag

mardi
der Dienstag

mercredi
der Mittwoch

jeudi
der Donnerstag

vendredi
der Freitag

samedi
der Samstag

dimanche
der Sonntag

hier
....
gestern

aujourd'hui
....
heute

demain
....
morgen

le matin
....
der Morgen

le midi
....
der Mittag

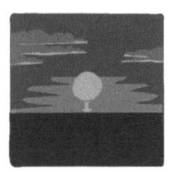

le soir
....
der Abend

les jours ouvrables
....
die Arbeitstage

le week-end
....
das Wochenende

la pluie
der Regen

l'arc-en-ciel
der Regenbogen

la neige
der Schnee

le vent
der Wind

le printemps
der Frühling

l'automne
der Herbst

l'été
der Sommer

l'hiver
der Winter

4.APRIL	11°	☀
5.APRIL	4°	☁
6.APRIL	13°	⛅
7.APRIL	8°	❄
8.APRIL	10°	☀

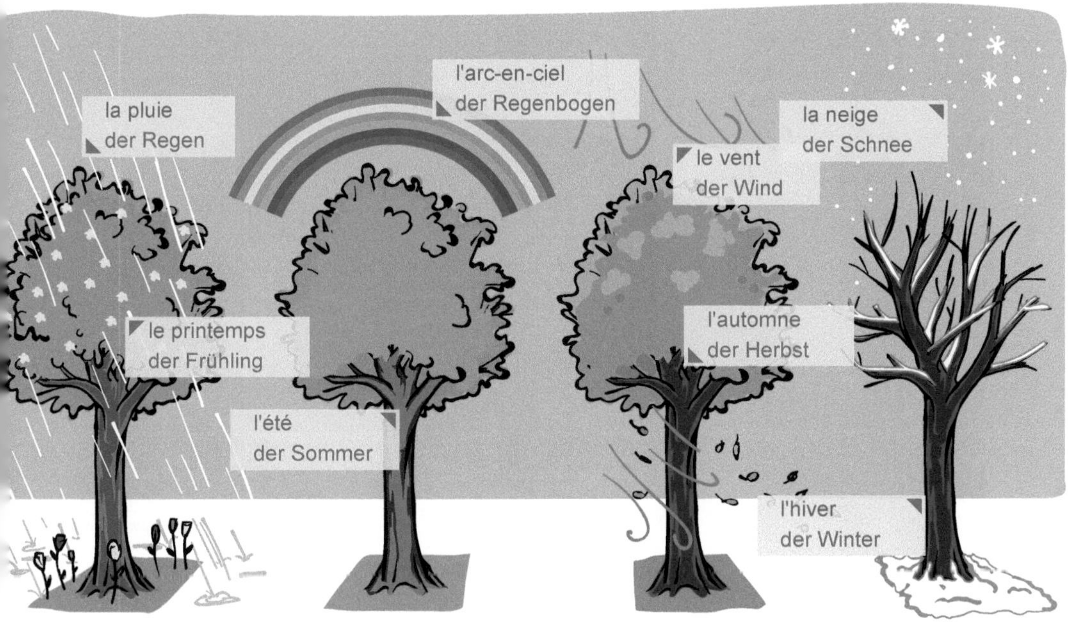

la météo
....
die Wettervorhersage

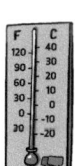

le thermomètre
....
das Thermometer

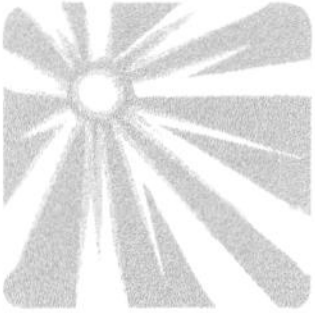

la lumière du soleil
....
der Sonnenschein

le nuage
....
die Wolke

le brouillard
....
der Nebel

l'humidité
....
die Luftfeuchtigkeit

la foudre

der Blitz

le tonnerre

der Donner

la tempête

der Sturm

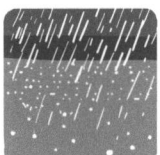

la grêle

der Hagel

la mousson

der Monsun

l'inondation

die Flut

la glace

das Eis

janvier

der Jänner

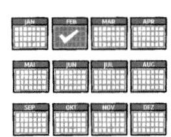

février

der Februar

mars

der März

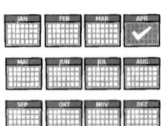

avril

der April

mai

der Mai

juin

der Juni

juillet

der Juli

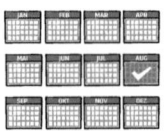

août

der August

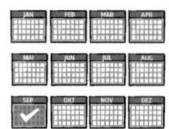

septembre

der September

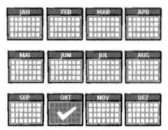

octobre

der Oktober

novembre

der November

décembre

der Dezember

---

les formes
die Formen

le cercle

der Kreis

le carré

das Quadrat

le rectangle

das Rechteck

le triangle

das Dreieck

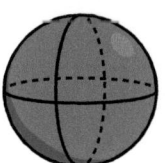

la sphère

die Kugel

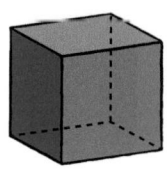

le cube

der Würfel

les couleurs
die Farben

blanc

weiß

jaune

gelb

orange

orange

rose

pink

rouge

rot

violet

lila

bleu

blau

vert

grün

marron

braun

gris

grau

noir

schwarz

beaucoup / peu

viel / wenig

fâché / calme

wütend / friedlich

joli / laid

hübsch / hässlich

le début / la fin

der Anfang / das Ende

grand / petit

groß / klein

clair / obscure

hell / dunkel

le frère / la sœur

der Bruder / die Schwester

propre / sale

sauber / schmutzig

complet / incomplet

vollständig / unvollständig

le jour / la nuit

der Tag / die Nacht

mort / vivant

tot / lebendig

large / étroit

breit / schmal

comestible / incomestible

genießbar / ungenießbar

méchant / gentil

böse / freundlich

excité / ennuyé

aufgeregt / gelangweilt

gros / mince

dick / dünn

le premier / le dernier

zuerst / zuletzt

l'ami / l'ennemi

der Freund / der Feind

plein / vide

voll / leer

dur / souple

hart / weich

lourd / léger

schwer / leicht

faim / soif

der Hunger / der Durst

malade / sain

krank / gesund

illégal / légal

illegal / legal

intelligent / stupide

gescheit / dumm

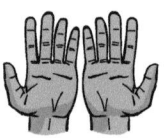

gauche / droite

links / rechts

proche / loin

nah / fern

nouveau / usé

neu / gebraucht

rien / quelque chose

nichts / etwas

vieux / jeune

alt / jung

marche / arrêt

an / aus

ouvert / fermé

offen / geschlossen

faible / fort

leise / laut

riche / pauvre

reich / arm

correct / incorrect

richtig / falsch

rugueux / lisse

rau / glatt

triste / heureux

traurig / glücklich

court / long

kurz / lang

lent / rapide

langsam / schnell

mouillé / sec

nass / trocken

chaud / froid

warm / kühl

la guerre / la paix

der Krieg / der Frieden

les oppositions - die Gegenteile

0

zéro

null

1

un

eins

2

deux

zwei

3

trois

drei

4

quatre

vier

5

cinq

fünf

6

six

sechs

7

sept

sieben

8

huit

acht

9

neuf

neun

10

dix

zehn

11

onze

elf

12

douze

zwölf

13

treize

dreizehn

14

quatorze

vierzehn

15

quinze

fünfzehn

16

seize

sechzehn

17

dix-sept

siebzehn

18

dix-huit

achtzehn

19

dix-neuf

neunzehn

20

vingt

zwanzig

100

cent

hundert

1.000

mille

tausend

1.000.000

le million

Million

les langues
die Sprachen

l'anglais

Englisch

l'anglais américain

Amerikanisches Englisch

le chinois mandarin

Chinesisch (Mandarin)

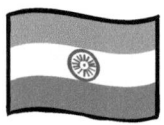

le hindi

Hindi

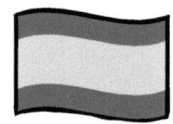

l'espagnol

Spanisch

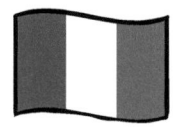

le français

Französisch

l'arabe

Arabisch

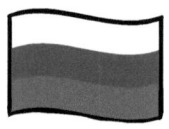

le russe

Russisch

le portugais

Portugiesisch

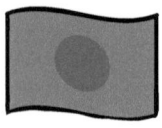

le bengali

Bengalisch

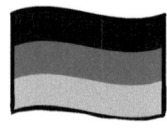

l'allemand

Deutsch

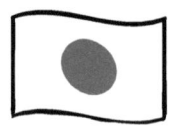

le japonais

Japanisch

je

ich

tu

du

il / elle

er / sie / es

nous

wir

vous

ihr

ils / elles

sie

qui?

Wer?

quoi?

Was?

comment?

Wie?

où?

Wo?

quand?

Wann?

le nom

Name

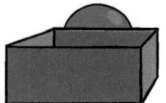

derrière

hinter

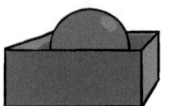

dans

in

devant

vor

au-dessus

über

sur

auf

en-dessous

unter

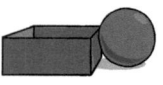

à côté de

neben

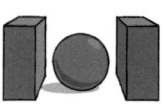

entre

zwischen

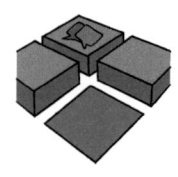

le lieu

der Ort